gato
kissa

conejo

jänis

perro

koira

pollito

tipu

pato

ankka

oveja

lammas

cabra

vuohi

cerdo

sika

burro

aasi

caballo

hevonen

vaca

lehmä

ratón

hiiri

murciélago

lepakko

abeja

mehiläinen

araña

hämähäkki

zorro

kettu

ciervo

peura

ardilla

orava

erizo

siili

búho

pöllö

rana

sammakko

serpiente

käärme

mapache

pesukarhu

loro

papukaija

tucán

tukaani

caimán

alligaattori

tortuga marina

merikilpikonna

flamenco

flamingo

pingüino

pingviini

cangrejo

rapu

medusa

meduusa

foca

hylje

tiburón

hai

ballena

valas

orca

orca

estrella de mar
meritähti

rinoceronte

sarvikuono

panda

panda

mono

apina

león

leijona

tigre

**tiikeri

elefante

norsu